RECUEIL

de ce qui à été accompli par les

Comités néerlandais

pour les

victimes de la guerre Sud-Africaine.

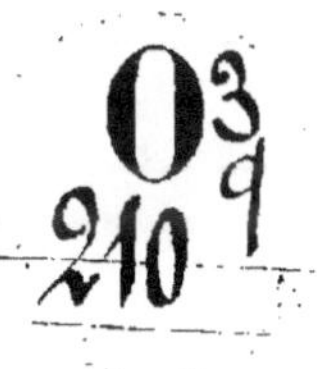

BUREAU DES COMITÉS RÉUNIS

HEERENGRACHT 270, AMSTERDAM.

RECUEIL

de ce qui à été accompli par les

Comités néerlandais

pour les

victimes de la guerre Sud-Africaine.

BUREAU DES COMITÉS RÉUNIS

HEERENGRACHT 270, AMSTERDAM.

Comité Amajuba à la Haye.

Présidente: Madame WASZKLÉWICZ—VAN SCHILFGAARDE.
Trésorière: Madame la Comtesse E. VAN BYLANDT.

Le montant total des dons reçus jusqu'au 1er Janvier 1902 s'élève à. . . . . frs. 101,452.—
contre frs. 89,139.— jusqu'au 1 Aôut 1901.

Il a été envoyé à partir du mois d'Aôut jusqu'au mois de Décembre pour assister les femmes et les enfants dans les Camps:

à Johannesburg . . . . frs.   7,328.—
„ Pretoria . . . .   „ 17,083.—
„ Bloemfontein . . . .   „ 17,131.—
„ Kimberley . . . .   „   7,350.—
„ Capetown . . . .   „   6,096.—
Dépenses pour médicaments. .   „   8,522.—

Déduction faite des frais il restait en caisse au 1er Janvier 1902 . . . .   „   6,577.—

Les remises pour Bloemfontein furent adressées au Docteur J. BRILL et celles pour Johannesburg au pasteur MEIRING.

Comité de Protection de la Société „Helpt elkaar" à la Haye.

Présidente Madame WASZKLÉWICZ—van Schilfgaarde à la Haye.
Trésorier: G. C. MIRANDOLLE à la Haye.
Secrétaire: R. C. A. WEGGEMAN GULDEMONT à la Haye.

Des quatre soeurs de charité parties le 14 Mars 1901, les trois soeurs Bakkes, Broers et Geyer sont encore toujours occupées à Norvalspont et Winburg, ou elles rendent d'excellents services, prêtent secours aux faibles et malades sans distinction de nationalité en s'acquérant l'estime des pauvres habitants des Camps de concentration et la satisfaction entière des Commandants anglais chargés de la surveillance de ces camps.

La quatrième soeur van der Lely, revint dans le courant de l'année 1901.

Dans le Recueil précédent nous avons mentionné qu'une tentative d'envoyer encore un médecin avec trois gardes malades avait échoué par le refus de l'administration de l'armée anglaise, quoique d'abord la permission fut donnée.

La somme totale recueillie par le Comité se montait à. . . . . frs. 14,723.—
il fut dépensé . . . . „ 12,316.—

solde au 1er Janvier 1902 . . . frs. 2,407.—

Le 23 Décembre dernier il a été envoyé au Docteur Brill à Bloemfontein une somme de £ 40.— pour frais de voyage en cas d'éventualité, ensuite au 10 Aôut dernier £ 80.— à Madame Koopmans—de Wet pour tenir à la disposition des soeurs de charité et encore £ 50.— pour les Camps.

Le Comité a expédié plusieurs Caisses contenant des livres, du chocolat, du lait condensé, des bougies, des lingeries etc.; le tout est bien arrivé à sa destination et a été distribué d'une manière satisfaisante.

3

Fonds Broekhuizen à la Haye.

Président: PH. ITTMAN.
Trésorière: Madame WASZKLÉWICZ – VAN SCHILFGAARDE.
Secrétaire: Dr. F. VAN GHEEL GILDEMEESTER.

Recettes totales jusqu'au 1er Janvier 1902 . frs. 160,090.—
dont frs. 69,522.— furent reçus depuis le
1er Août 1901; de ce montant la somme de
frs. 51,494.— fut collectée par le Pasteur
VAN BROEKHUIZEN en Amérique.

Du 1er Août jusqu'au 31 Décembre 1901
il fut remis pour les femmes et les enfants
dans les camps:

à Prétoria	frs.	38.746.—
„ Bloemfontein	„	21.624.—
„ Capetown	„	14,452.—
„ Mafeking	„	4.902.—
„ Kimberley	„	2,454.—
„ P. Maritzburg	„	2,452.—
	frs.	84,632.—

Au 1er Août il y avait en caisse . . . . „ 66,000.—
Reçu du 1er Août jusqu'au 31 Décembre 1901 „ 69,522.—

frs. 135,522.—
Dépenses totales . . . „ . 84,638.—
Reste . . . frs. 50,884.—

Après déduction des frais, comme port de lettres, frais de
transport, frais de voyage du Pasteur BROEKHUIZEN, etc. il reste
une solde de frs. 48,914.—.

Dans le commencement on envoyait des traites, tandis

qu'à présent les sommes sont remises par la banque dite „Neder-
landsche Bank- en Crediet-Vereeniging voor Zuid-Afrika" à
Amsterdam.

L'argent envoyé fut distribué en Afrique du Sud :

à Prétoria par le Pasteur BOSMAN, Madame VAN BROEK-
HUIZEN, Monsieur HOLLARD, à qui £ 100.— fut envoyé,
et le Consul Général des Pays-Bas (le dernier aussi pour
le camp de Mafeking).

à Capetown par Madame KOOPMANS—DE WET et le Pasteur
NEETLING.

à Bloemfontein par l'Agent Consulaire des Pays-Bas et
Madame BLIGNAUT.

à Pieter Maritzburg par le Pasteur ROUSSEAU.

à Kimberley par le Pasteur WILCOX et Madame HENDRIKS.

Dorénavant 'les dons pour Kimberley seront distribués par
l'intermédiaire des correspondants du Comité à Bloemfontein.

Comité chrétien et national des Boers à Amsterdam.

1r Président: H. BIJLEVELD à Amsterdam.
1r Trésorier: F. J. D. THEIJSE à Amsterdam.
1r Secrétaire: J. C. HEESTERMAN à Amsterdam.

La section dite „Comité de distribution" eut du 1r Aôut au 31 Décembre 1901 à sa disposition une somme de   frs. 12,349.50

Il fut payé en Hollande sous forme de distributions hebdomadaires . . . . frs. 9,865.20 .

avances . . . . „ 224.—

frais (salaires, etc.). . . . . . „ 1,454.08

                „ 11,543.28

      reste au 1r Janvier 1902 . . . frs. 806.22

Il s'agissait du 1r Aôut au 31 Décembre 1901 de secourir 102 personnes ou familles par des distributions hebdomadaires et de petites avances se montant à frs. 10,089.20.

42 de ces personnes eurent le bonheur de trouver du travail sur la recommandation ou par l' intermédiaire du Comité, 1 fut mis en état d'émigrer en Allemagne et 1 en Belgique. Le secours de 20 personnes fut retiré pour causes diverses.

Le Comité chrétien et national fut ensuite en état de faire les distributions suivantes du 1 Aôut au 31 Décembre:

aux Camps de femmes en Afrique. . . . . . frs. 111,986.—

„ correspondants et comités en Afrique . . „ 7,000.—

„ prisonniers de guerre. . . . . „ 950.—

„ bannis en Portugal, les frais de voyage du pasteur J. Beijer inclus . . . . „ 9,200.—

et pour l'asile de refugiés à Amsterdam. . „ 14,900.—

           frs. 144,036.—

Le Comité à pu envoyer du 1 Aôut au 31 Décembre 1901 aux différents camps:

I. *Au camp de femmes à Middelbourg (Rép. S. Afr.)*
1 envoi en 2 caisses, habillements pour femmes et enfants . . . . Valeur. frs. 500.—

II. *Au camp de femmes à Pieter-Maritzbourg (Natal).*
3 envois en 5 caisses, habillements, moyens d'instructions, livres, farine pour enfants et chocolat. . . . . „ 1,010.—

III. *Au camp de femmes à East-London (Colonie du Cap).*
3 envois en 3 caisses, habillements, savon et livres . . . . „ 1.200.—

IV. *Au camp des prisonniers de guerre à Ragama (Ceylan).*
1 envoi en 1 caisse, tabac et pipes . . . „ 150.—

V. *Au camp des prisonniers de guerre à St. Hélène.*
1 envoi en 1 caisse pour le général Cronjé „ 100.—

VI. *Au camp des prisonniers de guerre à Diyatalawa (Ceylan).*
1 envoi en 1 caisse, tabac et pipes . . . „ 150.—

VII. *Au camp des prisonniers de guerre à Ahmed Nagar (Indes br.)*
2 envois en 2 caisses, revues, livres, pipes et tabac . . . . „ 294.—

VIII. *Au camp des prisonniers de guerre à Bellary (Indes br.)*
2 envois en 2 caisses, revues, livres, pipes et tabac . . . . „ 350.—

frs. 3,754.—

frs. 3,754.—

IX. *Au camp des prisonniers de guerre à Trichi-*
     nopoly (Indes br.)

    3 envois en 3 caisses, livres, habillements,   Valeur.

    tabac, sigares, photo's, etc. . . . . . .   „   500.—

X. *Au camp des prisonniers de guerre à l'Ile*
     de Tucker (Bermuda).

    1 envoi en 2 caisses, livres, habillements,

    tabac et pipes . . . .   „   500.—

XI. *Au camp des prisonniers de guerre à l'Ile*
     de Burths (Bermuda).

    2 envois en 2 caisses, livres, habillements,

    tabac, pipes . . . .   „   500.—

XII. *Au camp des prisonniers de guerre à l'Ile*
     Morgan (Bermuda).

    1 envoi en 1 caisse, livres . . . . . .   „   50.—

XIII. *Au camp des prisonniers de guerre à l'Ile*
     Darrel (Bermuda).

    3 envois en 4 caisses, habillements, livres,

    revues, pipes et tabac. . . . . . .   „   340.—

XIV. *Au camp des prisonniers de guerre en*
     Portugal.

    8 envois en 56 caisses, manteaux, habille-

    ments, moyens d'instruction, Bibles,

    Psaumes, etc. . . . .   „   9,800.—

XV. *Camps de femmes au Transvaal et Natal.*

    1 envoi considérable de couvertures, les

    frais de transport inclus montant à. .   „   8,530.—

    La valeur totale des marchandises expédiées

    depuis le 1ʳ Aôut s'élève à . . . . .   frs. 23,974.—

Le comité saisit cette occasion pour exprimer sa reconnaissance
profonde à la Société dite: „de Brakke Grond" à Amsterdam qui lui
a cédé gratuitement les locaux nécéssaires pour bureaux, et pour
le réemballage des marchandises, confiées ensuite pour l'expédition
aux camps aux bons soins de Messrs. DE VRIES & Co. à Amsterdam.

Comité International des Dames „Alcmaria", Alkmaar.

Président : T. DE COCK BUNING.
Secrétaire : Madlle S. M. MACLAINE PONT.
Trésorier : J. P. Baron VAN ITTERSUM.

Le Comité „Alcmaria" fut fondé en Juillet 1901 pour subvenir aux besoins des femmes et enfants des camps de concentration de l'Afrique du sud.

Dans ce but des collectes furent organisées non seulement en Hollande, mais aussi à l'étranger.

Du 19 Juillet jusqu'au 21 Décembre les recettes s'élèvent à . . . . frs. 86,578.—

De cette somme il a été envoyé du 13 Septembre jusqu'au 16 Décembre aux camps de Krugersdorp, Prétoria, Johannesburg, Heidelberg, Norvalspont, Kimberley, Bloemfontein, Colesberg, Pieter Maritzburg, Bethulië et Merebank . . . . frs. 16,712.—
frais d'expédition etc. . . . . . „ 2,148.—

                     „ 18,860.—

Solde au 1er Janvier 1902 . . frs. 67,718.—

Les pays divers ont contribué comme suit:

Hollande	frs.	78,612.—
Allemagne.	„	1,920.—
France	„	52.—
Suisse	„	70.—
Koerland	„	560.—
Finland.	„	252.—
Belgique	„	196.—
Smyrne.	„	4,804.—
St. Petersbourg (en *un* don) . .	„	104.—
	frs.	86,600.—

Société de Colonisation à Amsterdam.

Président: A. D. DE MAREZ OYENS, Amsterdam.
Trésorier: DR. G. VISSERING, Amsterdam.
Secrétaire: DR. K. ZWAARDEMAKER, Amsterdam.

Un grand nombre d'émigrants, hommes et femmes, ont trouvé par l'intermédiaire de la Société un refuge dans la Colonie allemande du Sud-Ouest de l'Afrique.

Les nouvelles reçues jusqu'a présent des émigrants sont assez satisfaisantes. Il va sans dire, qu'il faut laisser écouler quelque temps, avant de pouvoir juger des résultats.

Ils sont en tous cas heureux d'être de retour en Afrique et d'y pouvoir reprendre leur métier.

Quatre personnes attendent encore le moment propice pour se rendre également dans la dite colonie.

La Société cherche cependant dans ce but le placement de seize obligations de fl. holl. 1000.— (frs. 2040.—) et fait appel à la générosité des Pro-boers fortunés.

Comité de Middelbourg à Middelbourg (Hollande).

Présidente: Madame E. SCHORER—Plaat.
Secrétaire: Madame GHIJSEN—Proos.
Trésorière: Mad^{elle} MARIE BERDENIS VAN BERLEKOM.

Recettes totales jusqu'au 1 Janvier 1902:

Pays-Bas.	frs.	79,780.—
Belgique.	„	10,913.—
France	„	3,742.—
Allemagne	„	3,784.—
Russie	„	15,321.—
Angleterre	„	60.—
Diverses.	„	800.—
	frs.	114,400.—

contre frs. 56,806.— jusqu'au 1 Août. En outre il a été reçu en marchandises pour une valeur de frs. 121,390.— et acheté pour une valeur de frs. 11,260.—

Les montants suivants ont été remis:

à Capetown	frs.	25,768.—
„ St. Hélène	„	5,424.—
„ Ceylan	„	3,044.—
„ Bombay	„	100.—
„ Pretoria	„	18,279.—
„ Bloemfontein	„	10,967.—
„ P. Maritzburg	„	1,214.—
„ Durban.	„	2,447.—
„ Mafeking	„	610.—
„ Bethulië	„	610.—
„ Aliwal Nord	„	610.—
	frs.	69,073.—

En marchandises il a été expédié à

l'Afrique du Sud	frs.	73,980.—
Ceylan.	„	22,102.—
St. Hélène	„	46,024.—
Madras.	„	250.—
Bombay	„	150.—
Bermuda	„	1,400.—
Pour frêts il est dépensé	„	19,366.—

Au 1 Janvier il y avait en caisse une somme de frs. 12,682.— après déduction des frais.

Le Comité ayant plusieurs succursales et correspondants en Hollande, jouit du secours d'un nombre de personnes et de sociétés à l'étranger.

Comité Néerlandais pour le Transvaal
à Amsterdam.

Président: J. E. N. Bar. SCHIMMELPENNINK VAN DER OYE, Hoevelaken.
Secrétaire: DR. J. TH. DE VISSER, Amsterdam.
Trésorier: H. J. MEERKAMP VAN EMBDEN, Rotterdam.

Le susdit Comité a été constitué dans le but de prévenir la guerre.

Quand la guerre éclata, le Comité s'est consacré au soutien des ménages en Hollande, dont les pères de famille, étant en Afrique n'étaient plus à même de les entretenir.

Depuis le mois de Janvier jusqu'au mois d'Octobre 1901, 100 familles environs réparties dans tout le pays, ont été assistées.

Les fonds depensés dans ce but, soit frs. 47,560.— ont été recueillis par des appels dans les journaux.

Cependant le nombre des familles en détresse augmentait, de sorte que jusqu'à ce jour à peu près 246 familles ont été assistées, tandis que le comité continue encore de subvenir aux besoins de 141 familles.

La somme nécessaire en dehors du susdit montant reçue directement de personnes charitables, fut mise à la disposition du Comité par l'Association Néerlandaise Sud-Africaine des fonds destinés aux victimes de la guerre.

Jusqu'au 1. Janvier 1902 il a été recueilli
directement: . . . . frs.   47,560.—
de l'Association Néerlandaise Sud-Africaine   „   67,800.—

Totale . . . frs. 115,360.—

De cette somme il a été remis frs. 111,982.— aux indigents tandis que l'assistance continue toujours.

Association Néerlandaise Sud-Africaine
à Amsterdam.

Président: G. A. A. MIDDELBERG, Baarn.
Trésorier: Dr. **J.** B. LOMAN, Haarlem.
Secrétaire: PAUL DEN TEX, Amsterdam.

ET LE

Fonds Néerlandais d'assistance pour l'Afrique du Sud
à Prétoria et Bloemfontein.

Délégué: Jhr. J. A. VAN KRETSCHMAR, Amsterdam.

Les recettes en dons jusqu'au 1ᵉʳ Janvier
1902 s'élèvent à . . . . frs. 2,703.346. —
    L'intérêt gagné . . . . „ 119,246. —

    Total . . . . frs. 2,832,592. —
Au 1° Août ce chiffre se montait à . . „ 2,633,990. —
Les pays divers ont contribué depuis le 1ᵉ Août 1901
comme suit:

Pays Bas	frs.	95,062. —
Indes Néerlandaises	„	8,654. —
Allemagne	„	28,750. —
France	„	4,264. —
Belgique	„	942. —
Autriche	„	50. —
Grande Bretagne & Irlande	„	5,680. —
Suisse	„	50,000. —

    Total . . . . frs. 193,402. —
C'est avec une reconnaissance spéciale qu'il est fait mention des
dons de frs 50,000. — reçu de Zurich du Comité d'actions des
Collectes Suisses pour Veuves et Orphelins des Boers, de
Rm. 9,000. — du Dr. SCHÄFER à Remscheid (Allemagne) et
de ceux de plusieurs autres comités.

Depuis le 1ᵉʳ Aôut 1901 le Comité général du Fonds Néerlandais à Prétoria a touché. . . . . £ 13,500. — ·
celui de Bloemfontein. . . . . „ 2,250. — ·
le Comité d'assistance au Cap . . . . „ 116.11.6
tandis que pour l'enseignement scolaire au Transvaal
il a été contribué . . . . frcs 5,994. —

Ensuite une somme de frs 48,514. — fut dépensé en Hollande,
pour le secours des familles dont les pères étaient morts,
blessés, prisonniers, ou encore en campagne, ainsi que des
africains émigrés en Hollande sans distinction d'origine ou de
Nationalité.

C'est surtout au concours bienveillant du Comité Néerlandais
du Transvaal et au Comité Chrétien et National des Boers à
Amsterdam, qui poursuivent avec un zèle infatigable la tâche
qu'il se sont imposée, qu'on doit la distribution équitable des
sommes consacrées à l'assistance des indigents, victimes de la
guerre, refugiés en Hollande.

Les frais d'administration, ports de lettres, télégrammes, etc.
se montaient à environs frs 1,060.

Au 1ᵉʳ Janvier 1902 une somme de frcs 1.203,298. — était
encore en caisse.

Le Comité général d'administration du Fonds Néerlandais
d'assistance pour l'Afrique du Sud, à Prétoria se compose
de: Jhr. Dr. W. H. DE SAVORNIN LOHMAN, M. E. DE WILDT,
M. P. BARENDSEN, F. P. J. VAN NICKELEN KUYPER, J. S. SMIT,
J. C. MINNAAR, Dr. H. REININK, I. RISSIK et I. I. F. DELFOS;
et à Bloemfontein: P. I. BLIGNAUT et Dr. J. BRILL.

La Commission spéciale chargée de l'assistance générale au
Transvaal à Pórtoria se compose de: W. E. HOLLARD, I. RISSIK,
M. P. BARENDSEN et le Dr. H. REININK.

La „Commission centrale pour l'assistance des Camps au
Transvaal" à Prétoria: W. E. HOLLARD, M. E. DE WILDT,
Jhr. Dr. W. H. DE SAVORNIN LOHMAN, I. I. F. DELFOS et
DAN. I. SIM.

Le Comité général du Fonds Néerlandais à Prétoria se tient rigoureusement au budget mensuel suivant:

Frais généraux . . . . £ 50.—
Ecoles . . . . „ 100.—
Assistance générale à Heidelberg et
environs . . . . „ 50.—
Assistance générale à Krugersdorp et
environs . . . . „ 100.—
Assistance générale à Johannesburg et
environs . . . . „ 200.—
Les femmes et enfants à Johannesburg
en dehors des camps de concentration „ 400.—
Commission d'assistance générale à Prétoria:
pour assistance médicale et médicaments
gratuits. . . . . „ 150.—
Assistance générale en vêtements . . „ 150.—
Distribution de vêtements aux prisonniers
de guerre dans les camps de passage
à Pretoria . . . . „ 150.—
Distribution de vêtements aux femmes
dans les camps de passage . . . . „ 150.—
Avances et dons aux veuves, orphelins
et blessés en dehors des Camps . . „ 500.—

£ 2,000.—

En dehors de cette somme mensuelle tout ce que l'Association Néerlandaise reçoit avec le désir exprimé des donateurs qu'ils désignent leurs dons aux camps de concentration, est immédiatement transmis aux comités en Afrique.

Depuis le mois de Septembre 1901 une somme de £ 5,500.— fut consacrée à ce but.

La moitiè en fut remis au Comité général à Prétoria et le reste à celui de Bloemfontein.

Ce dernier soigne également quelques camps dans la Colonie du Cap non loin des frontières des Républiques.

Il paraît nécessaire de relever ici que les Autorités militaires britanniques ne s'opposent nullement à l'œuvre des Comités en Afrique et que tous les montants expédiés d'ici ont été remis sans retard aux Comités destinataires. Aussi la correspondance des Comités avec l'Association Néerlandaise à Amsterdam continue sans entraves.

Dans les „Blue books" du Gouvernement Anglais hommage est fait aux bonnes œuvres du „Fonds Néerlandais".

Dans les Camps de concentration nommés ci-dessous, des Commissions locaux ont été instituées qui sont constamment en rapport avec les Comités généraux de Prétoria et Bloemfontein :

Aliwal-Noord, Brandfort, Bethulie, Heilbron, Harrismith, Kroonstad, Kimberly, Norval's pont, Springfontein, Vredefort-weg, Winburg, Oranjerivier, Pretoria, Irene, Johannesburg, Heidelberg, Middelburg, Volksrust, Krugersdorp, Standerton, Vereeniging, Nylstroom, Belfast, Balmoral et Pietersburg et probablement aussi à Pieter Maritzburg, Merebank et Durban.

Comité Auxiliaire de la Section
de l'Association Néerlandaise Sud-Africaine à la Haye.

Présidente: Madame la Baronne VAN HARINXMA THOE SLOOTEN,
née COLLOT D'ESCURY.

Trésorière: Madame PANDER, née HOUTMAN.
Secrétaire: Mademoiselle A. H. VAN WIJLEN.

Le Comité fut institué au commencement de l'année 1900 pour donner de l'assistance au Boers combattants.

Depuis le 14 Avril 1900 plusieurs caisses contenant des vêtements, livres, du lait condensé etc. furent envoyées.

Pour ce but le Comité a reçu

jusqu'au 20 Novembre 1901 . . . . frs 7,933.—
et a dépensé . . . . „ 5,328.—

reste encore a distribuer . . . . frs 2,605.—

Le Comité s'occupe aussi de l'assistance des prisonniers de guerre à Ahmed Nagar, Bellary, Trichinopoly et en quelques cas speciaux des prisonniers aux Iles Bermuda où on a envoyé de l'argent, des vêtements (spécialement pour les Indes) et d'autres articles.

Pour ce but le Comité reçut une somme de . frs 5,802.—
et a dépensé . . . . „ 2,338.—

ainsi qu'il reste à distribuer . . . . frs 3,464.—

Fonds de Tabac à Batavia.

D'après une communication du Consul des Pays-Bas à Colombo les prisonniers de guerre au camp de Diyatalawa (Ceylan) étaient désireux de recevoir du tabac sans compter leurs autres besoins, comme livres et habillements. Pour subvenir aux premiers besoins Messieurs F. ADER, J. DINGER, D. A. HOOYER, le docteur J. VAN DIJK, TH. JACOMETTI HZN. et le docteur Jhr. C. H. J. VAN HAEFTEN instituaient le 16 Novembre 1900 à Batavia le „Fonds de Tabac" et s'adressaient aux amis dans les Indes Néerlandaises pour recevoir des contributions pour ce but. Bientôt on pouvait acheter du tabac du pays pour une somme de frs. 10,000.— qui fut expédié régulièrement avec le tabac et les sigares et autres dons reçus en nature, au Consul des Pays-Bas à Colombo qui s'occupait de la répartition aux prisonniers de guerre.

Par le concours bienveillant des Administrations des Chemins de fer de l'Etat, de la Compagnie de Chemins de fer Néerlando-Indiens et de la Compagnie royale des packebots, les marchandises destinées au Fonds furent transportées gratuitement, tandis qui le Norddeutsche Lloyd consentait à une réduction considérable des frêts via Singapore. Le Gouvernement de Ceylan accordait l'entrée libre de droits de douane.

Pour augmenter les recettes le 17 Novembre 1901 une exposition fut ouverte à Batavia d'objets fait par les prisonniers de guerre. Le provenu net des objets vendus s'élevait à frs 2200.—.

Cette somme inclus les recettes totales d'après liste détaillée publiée au „Bataviasch Nieuwsblad" (Gazette de Batavia) du 16 Décembre 1901 s'élevait à une somme de frs 13,601.42.

Comité pour le personnel de la Compagnie des Chemins de fer Néerlando Sud-Africains à Amsterdam.

Président : AD. ROELVINK.
Trésorier : Dr. W. K. L. VAN WALREE.
Secrétaire : E. BRUCHNER.

Ce Comité continue à donner des avances sur ce qui est dû au personnel pour salaires arriérés et dépôts.

Jusqu'au 1er Janvier 1902 en tout 573 avances ont été accordées dont :

$$
\begin{array}{rll}
488 & \text{à des} & \text{Hollandais.} \\
34 & \text{„ „} & \text{Allemands.} \\
21 & \text{„ „} & \text{Italiens.} \\
8 & \text{„ „} & \text{Suédois.} \\
6 & \text{„ „} & \text{Autrichiens.} \\
2 & \text{„ „} & \text{Russes.} \\
12 & \text{„ „} & \text{Africains.} \\
2 & \text{„ „} & \text{Belges.}
\end{array}
$$

De même en Afrique 90 avances furent faites dans le même but, formant un total de 633 avances à un montant de f 186,288.— dont f 19,962.— en Afrique.

Le but des avances était :

l'Acquisition de meubles et ustensiles de ménage, dépenses en cas de maladie et accouchement.

Démenagement et installation au début de nouvelles occupations.

Moyens de subsistance en cas d'indigence compléte.

Continuance de primes d'assurance sur la vie, contractées en temps favorables.

Petites dépenses des prisonniers de guerre.

TYP. J. H. DE BUSSY, AMST.

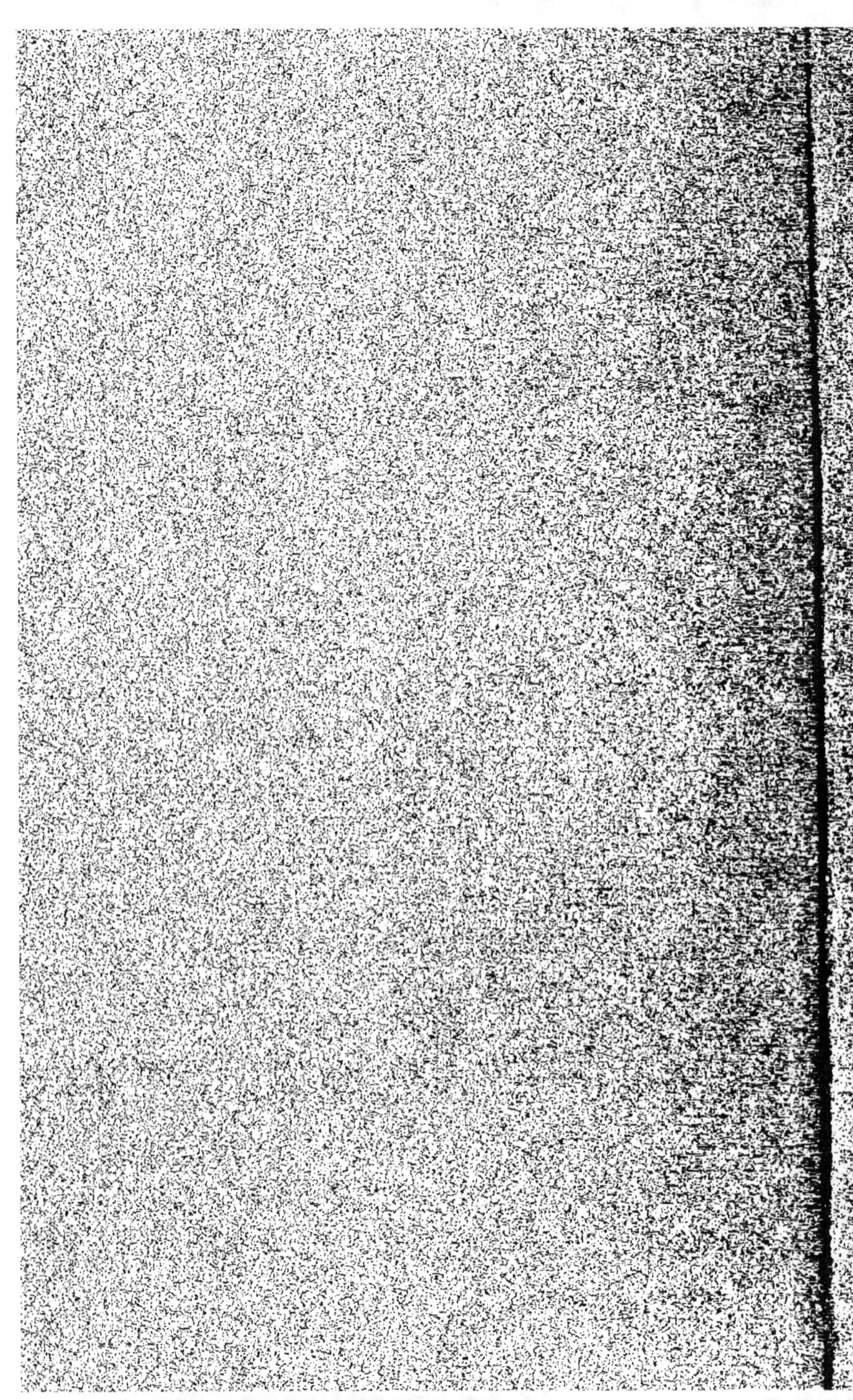